Para Mi Pri[illegible]ura

estos poemas que viajan
en Calandrias por el
UnderGround de Guadalajara,
en espera de que le Agraden
Con mucho cariño y Afecto.
Fraternal que nos une
de Hugo Plascencia
[signature] invierno de 2008.

Calandres underground

Calandrias underground

Les Écrits des Forges ont été cofondés par Gatien Lapointe en 1971 avec la collaboration de l'Université du Québec à Trois-Rivières.

Pour la publication de ses livres et pour conduire les poètes québécois à « *... parler sur la place du monde* », l'éditeur Écrits des Forges bénéficie de l'appui financier du Conseil des Arts du Canada, de la Société de développement des entreprises culturelles du Québec (gestion SODEC) et du gouvernement du Canada par l'entremise du Programme d'aide au développement de l'industrie de l'édition (PADIÉ) du ministère du Patrimoine canadien.

Couverture : Thibaut Girard — Fotolia.com

Dépôt légal : troisième trimestre 2007
Bibliothèque et Archives nationales du Québec
Bibliothèque nationale du Canada
ISBN : Écrits des Forges : 978-2-89645-026-8
ISBN: Literalia editores : 978-968-5544-33-7

C.P. 335, 1497, rue Laviolette
Trois-Rivières (Québec) G9A 5G4
Téléphone : 1 819 379-9813 / Télécopieur : 1 819 376-0774
Courrier électronique : ecrits.desforges@cgocable.ca
Site Internet : www.ecritsdesforges.com

Distribution au Canada

En librairie :
Diffusion Prologue
1650, boul. Lionel-Bertrand
Boisbriand (Québec) J7H 1N7
Courrier électronique : prologue@prologue.ca

Distribution en Europe

Écrits des Forges
6, avenue Édouard-Vaillant
93500, Pantin, France
Courrier électronique : ecrits.desforges@cgocable.ca
Site Internet : www.ecritsdesforges.com

Teatro de la República 367, Unidad México
Zapopan, Jalisco, México, C.P. 45120
Téléphone et télécopieur : (33) 3619 2897
Courrier électronique : literaliaeditores@yahoo.com.mx
Site Internet : http//www.literaliaeditores.com

Hugo Plascencia

Calandres underground

Calandrias underground

Traduit de l'espagnol par Sophie Martin

ÉCRITS DES FORGES
POÉSIE INTERNATIONALE

Literalia editores

A mis padres

À mes parents

Estoy mirando la ciudad destruida,
flor aplastada por un pie sombrío
. . . . .
es la enorme catástrofe florida.

Carlos Pellicer

Esta ciudad de ceniza y tezontle cada vez menos puro
ciudad de acero, sangre y apagado sudor.

Efraín Huerta

Miro la tierra, aíslo
en mis ojos, atento, una pulgada.
¡qué desolador, feroz y amargo
lo que acontece en ella!

Rafael Alberti

Je regarde la ville détruite,
fleur piétinée par un pied sombre
. . . . .
c'est l'énorme catastrophe fleurie.

Carlos Pellicer

Cette ville de cendres et de pierre de moins en moins pure
ville d'acier, de sang et de sueur éteinte.

Efraín Huerta

Je regarde la terre, j'isole
dans mes yeux, attentif, la mesure d'un pouce.
Combien désolant, féroce et amer
ce qui s'accomplit en elle !

Rafael Alberti

I.

Estación:
arteria de las ciudades rotas

I.

Station : artère des villes brisées

Doce campanadas

...vivimos todos en la ignorancia total,
en la ciudad de la memoria. Borrada.

Enrique Lihn

Sonaron doce campanadas en el atrio de la
incertidumbre.
Por la mañana una mujer sin rostro
no dará la cara en la maquila,
habrá una persona menos en la población sordomuda
de casas con ventanas miopes
donde el mosaico del cielo
no hace juego con la corona de lágrimas,
azar en el desierto
donde el único libre de culpa es el soplo
que arroja la primera piedra,
porque ya no es necesario carear la frontera
para palpar la muerte.

Douze coups de cloche

…nous vivons tous dans l'ignorance totale,
dans la ville de la mémoire effacée.
Enrique Lihn

Douze coups de cloche ont sonné sur le parvis de
l'incertitude.
Au matin, une femme sans visage
ne se montrera pas à l'usine,
il y aura une personne de moins parmi la population
sourde-muette
de maisons aux fenêtres myopes
où la mosaïque du ciel
n'est pas assortie à la couronne des larmes,
hasard dans le désert
où le seul innocent est le souffle
qui jette la première pierre,
parce qu'il n'est plus nécessaire de toucher la frontière
pour pressentir la mort.

Carnaval de concreto

I

Te fueron revistiendo baldosa a baldosa
hasta que no quedó más remedio
que llamarte ciudad.

Te erigiste hermosa mujer con el efecto de un monstruo
al que todos temen y copulan
y en lo que dura un semáforo
vaciaron las fuentes de tus pezones a besos.

Pero no siempre estuviste hundida y diseminada
en las estrías de la noche
hubo un tiempo en que los iniciados tocaron tu sexo de
    laúd
como una manzana de miel y amaranto
dura como el caramelo del medio día
hubo un tiempo en que el viento del torcaz
en una ráfaga invocó tu faldón en la hendidura de tus
    calles y veredas
y hubo malos tiempos con su enfermedad terminal de
    fin de viaje
donde el hielo no es hielo pero quema.

Me duele el corazón
                                        del lado
                                                        derecho

Carnaval de concreto

I

Ils t'ont recouverte dalle par dalle
jusqu'à ce qu'il ne reste plus
qu'à t'appeler ville.

Tu t'es érigée, femme ravissante, tel un monstre
que tous craignent et copulent
et dans la durée d'un feu de circulation,
ils ont vidé les fontaines de tes mamelons à force de baisers.

Mais tu n'as pas toujours été ensevelie et disséminée
dans les stries de la nuit
il fut un temps où les initiés touchèrent ton sexe de luth
comme une pomme de miel et d'amarante
dure comme le caramel de l'après-midi
il fut un temps où le vent de la palombe
invoqua ton jupon en une rafale dans la fissure de tes rues et de tes trottoirs
et il y eut les mauvais moments avec sa maladie en phase terminale de fin de voyage
où la glace n'est pas glace mais brûle tout de même.

Le cœur me fait mal
du côté
droit

cada vez que tus hijos te llaman ramera
me dan unas ganas de ponerle un sótano a tu memoria
no dejes que el musgo y el miedo delaten tu edad.
Me miro en esta ciudad con tus ojos
en la alta querencia de tu piel de baldosa
que alguna vez tuvo la inocencia de la Venus de Milo.

chaque fois que tes enfants t'appellent putain
l'envie me prend d'ériger une cave pour ta mémoire
ne laisse pas la mousse et la peur trahir ton âge.
Je me vois dans cette ville avec tes yeux
dans l'amour de ta peau dallée
qui eut jadis l'innocence de la Vénus de Milo.

II

Fuente de rapsodas es el centro de mi ciudad
Soleil en la honda combustión de un acto circense
los mimos le meten mano a la ilusión en la explanada
gesticulan lágrimas de hollín sobre las plazas.

En una esquina mujeres saltimbanquis
izan las piernas contra la envestida del aire
bajo faroles encendidos en el periférico de sus tetillas.

En rancias buhardillas un fakir le lee las líneas de la
    palma
a una gitana por el botín de la carne.

Melancólicos *clowns* en histriónicas representaciones
de una reina desahuciada por canícula
ensordecen el zumo de las risas en los autobuses.

En el ombligo funámbulas bailarinas
con el vientre abierto de artificio
y una larga playa en el leotardo de sus hombros
mecen las raíces de los árboles con su silueta
árboles agotados de romper banquetas,
una nube pasa
                    como un algodón de dulce
                                        o un sueño
al mismo tiempo, entre el público
una niña derrama lágrimas de caramelo
y nadie sabe si es parte del performance.

II

Le centre de ma ville est une fontaine de bardes
Soleil dans la profonde combustion d'un acte circasien
dans l'esplanade, les mimes contribuent à l'illusion,
agitant des larmes de suie sur les places publiques.

Au coin d'une rue des femmes saltimbanques
hissent les jambes contre l'attaque du vent
sous les réverbères allumés à la périphérie de leurs
    mamelons.

Dans de rances mansardes un fakir lit les lignes de
    la main
d'une gitane pour le butin de la chair.

Des clowns mélancoliques, en d'histrioniques
    représentations
d'une reine éreintée par la canicule,
tarissent la sève des rires dans les autobus.

Dans l'ombilic, des ballerines funambules
au ventre béant d'artifice
une longue plage dans le justaucorps de leurs épaules
bercent les racines des arbres de leur silhouette
arbres épuisés de briser les trottoirs,
un nuage passe
                    comme une barbe à papa
                                        ou un rêve
au même moment, parmi les spectateurs,
une petite fille verse des larmes de caramel
et personne ne sait si cela fait partie de la performance.

III

En esta ciudad las casas
son una caravana de labios de ladrillo cosido.
Las mujeres acuden al monte de piedad
empeñan su timidez como quien simula una sonrisa
por una piedra de fantasía sobre el asfalto.
Otras oníricas y famélicas
concurren en procesión al mercado
donde la fidelidad se pone a prueba
al paladear las vasijas de barro (con el oficio de
arqueólogas)
mitigan la ausencia mojada de sus hombres
sobre el frío cuello de cántaro.
Los poetas como las prostitutas son universales,
ambos duermen hasta la hora del almuerzo
guardan en el crin del aullido
la herida de una lengua virgen de unicornio
y una larga e interminable resaca de vida
en el traspatio de la noche anterior,
tocan sus ojeras delicadas y envejecidas tempranamente
con manos bruscas como la espina de una flor al tacto
que despide silenciosa y tintineante
una gota de mercurio sobre las venas,
disfrazan su venganza de despecho
cierran ventanas, tiran llaves
y les ceden la hendidura de su cuerpo

III

Dans cette ville les maisons
sont une caravane de lèvres de brique cousue.
Les femmes arrivent au mont de piété,
mettent en gage leur timidité comme quelqu'un feignant
un sourire
pour une pierre de fantaisie sur le bitume.
D'autres femmes, oniriques et faméliques,
participent à la procession au marché
où l'on met la fidélité à l'épreuve
à force de déguster les pots de terre (archéologues de
profession)
elles apaisent l'absence mouillée de leurs hommes
sur le froid goulot de la cruche.
Les poètes, comme les prostituées, sont universels :
ils dorment tous deux jusqu'à l'heure du dîner,
gardent dans la crinière du hurlement
la blessure de la langue vierge de l'unicorne
et un long et interminable ressac de vie
dans l'arrière-cour de la nuit précédente,
touchent leurs œillères délicates et vieillies
prématurément
avec des gestes brusques comme le toucher de l'épine
d'une fleur
qui crache, silencieuse et retentissante,
une goutte de mercure sur les veines,
déguisent leur vengeance de dépit
ferment les fenêtres, jettent les clés
et cèdent la fente de leur corps

a otra soledad de cerradura
donde el odio pide un rostro y una carne
para ramificarse,
hasta que el ocaso y la ceiba
se confunden en el sedimento del día
en el vértice de la reconciliación.
A altas horas de la noche,
cuando la oscuridad se afianza
sobre las casas apretadas
a nadie le queda duda
un instante dura más que el obstinado invierno
donde la ciudad cifrada se degusta
como una amarga cosecha de vino.
Hasta que la música de los bares fallece
y reencarnan las luces
en el velado rostro de las fábricas y los cabarets.
El final de la jornada se ha convertido en un ritual
donde basta deslizar la mirada de a poco
para ver desfilar por el reflejo de los escaparates
balcones con gesto de ancianos,
calles cansadas de mujeres duras
que hace algún tiempo besaron a un joven poeta
y olvidaron por una extraña razón
al hijo en una puerta que no conocían
con el pretexto de una botella de vino
que ahora, a su vez,
es una gota de mercurio sobre las venas
que cala como el balance de los años
donde no se alcanza a subastar la miseria
en la que se ha bautizado este carnaval.

à une autre serrure solitaire
où la haine exige un visage et une chair
pour se ramifier,
jusqu'à ce que le crépuscule et le kapokier
se confondent dans le sédiment du jour
au sommet de la réconciliation.
Tard dans la nuit,
lorsque l'obscurité s'apaise
sur les maisons serrées,
plus personne ne doute
qu'un instant dure plus longtemps que l'hiver obstiné
où la ville codée se déguste
comme une amère cuvée de vin.
Jusqu'à ce que meure la musique des bars
et que les lumières se réincarnent
dans le visage voilé des usines et des cabarets.
La fin de la journée est devenue un rituel
où il suffit de glisser un peu le regard
pour voir défiler dans le reflet des vitrines
des balcons à la mine de vieillards,
des rues fatiguées de femmes austères
qui ont jadis embrassé un jeune poète
et qui ont mystérieusement oublié
le fils au pied d'une porte qu'elles ne connaissaient pas
pour une bouteille de vin
qui maintenant, à son tour,
est une goutte de mercure sur les veines
transperçante comme le bilan des années
où on ne parvient pas à mettre à l'encan la misère
dans laquelle on a baptisé ce carnaval.

IV

La escenografía de los bosques
y el pintoresco escenario de los quioscos
son ruinas arqueológicas y postales coleccionables de revista
que se han fundido en un tenue sepia
como una falsa estampa de Magritte
donde la reminiscencia de caminar en sentido contrario
ya no es un requisito de coloquio para encontrar algo más que el amor.

En la conversación de las cantinas
entre los naipes y el juego de damas
se invoca el paradero del pulque y el tranvía
como un vago y embriagador viaje a la nostalgia
donde la resignación adquiere un aire
mudado de azufre que cabalga a lo lejos
como el verdor de los ancianos
que fuman cigarrillos mientras hablan
de política y de putas
a las que nunca pudieron besar.
En el sabio olor a petate de sus palabras
se acuña la pereza de los atardeceres
como un discreto carnaval de membrillo,
donde el circo de las aves

IV

La scénographie des forêts
et la pittoresque scène des kiosques
sont des ruines archéologiques et des cartes postales de
revues à collectionner
qui se sont fondues en un délicat sépia
comme une fausse estampe de Magritte
où la réminiscence de marcher en sens contraire
n'est plus un pré-requis de discussion pour trouver
plus que l'amour.

Dans les conversations à la cantine
entre les cartes et les jeux de dames
on évoque la destination finale du *pulque*[1] et du tramway
comme un enivrant et vague périple vers la nostalgie
où la résignation acquiert un air
habillé de soufre chevauchant au loin
comme la verdeur des aînés
qui fument des cigarettes en parlant
de politique et de putes
qu'ils n'ont jamais embrassées.
Dans la sage odeur du flot de leurs paroles
se forge la paresse des crépuscules
comme le discret carnaval du cognassier,
où le cirque des oiseaux

[1] Le pulque est une boisson traditionnelle aztèque issue de la fermentation partielle de la sève du maguey ou agave pulquero. *(Wikipédia)*

imita entre los cables al trapecista,
sobre azoteas de edificios pirotécnicos
y castillos de concreto
en que los niños con resortera
se dan a la tarea de asesinar
seguido del grito casi autómata de sus madres (los que
tienen),
mientras las hermanas crecen en un caudal de gotas
drenando cólicos de manzanilla
sobre las plantas ensangrentadas
como un bochornoso rosario de estigmas
donde una lagrima de-Goya sus rodillas
sobre el pastizal de sus pies.

Entre el vía crucis de las calles
legiones de autos y juntas de hombres
las doce caídas son inminentes,
se disputan guerras en la plaza de armas
entre tangos y danzones
con viejos que tocan guitarras tan desafinadas
como el acordeón de su vida
con el efecto de una rockola que palpita en el corazón.
Y siempre queda tiempo
para el circo maroma y teatro de las citas:
el falso ritual del maquillaje y el lipstick

imite le trapéziste entre les câbles,
sur les terrasses d'édifices pyrotechniques
et les châteaux de ciment
d'où les enfants avec des lance-pierres
s'adonnent à assassiner
suivi du cri presque automate de leurs mères (ceux qui
en ont),
pendant que les sœurs grandissent en une profusion
de gouttes
drainant des coliques de camomille
sur les plantes ensanglantées
comme un embarrassant rosaire de stigmates
où une larme massacre leurs genoux
sur le pâturage de leurs pieds.

Entre le chemin de croix des rues
les légions de voitures et les assemblées d'hommes
les douze chutes sont imminentes,
des guerres sont disputées sur la place d'armes
entre tangos et *danzones*[2]
des vieux jouant sur des guitares aussi désaccordées
que l'accordéon de leur vie
comme un jukebox palpitant dans le cœur.
Et il reste toujours du temps
pour le cirque de haute-voltige et le théâtre des
rendez-vous :
le faux rituel du maquillage et du rouge à lèvres

---

[2] Le danzón est un genre musical créé à Matanzas (Cuba) vers 1880 par le musicien Miguel Failde. C'est une forme de contradanza - habanera, plus spontanée et sur laquelle les musiciens improvisent. (Wikipédia)

las ridículas flores desprendidas
más por la falta de quincena que por tiempo
y la palabra de seda que trepa
con un gramo de soledad.
Al final de la noche
los rincones del mendigo y de la calle
son el mejor refugio y consuelo de los amantes
por donde transita un olor a mediterráneo
en la acera de los muslos que se abren como ventanas
y simulan el vuelo de las aves
sobre el manso mar negro de la ciudad,
hasta que cada quien se queda
con la parte que le corresponde de tristeza
sosteniendo en el pecho
los restos de una fotografía con el diafragma roto.

les fleurs ridicules détachées
plus par manque d'argent que par manque de temps
et la parole de soie qui grimpe
avec un gramme de solitude.
À la fin de la nuit
les coins de la rue et du mendiant
sont le meilleur refuge et la consolation des amants
où flotte une odeur de Méditerrannée
sur le trottoir des cuisses qui s'ouvrent comme des
 fenêtres
et qui simulent le vol des oiseaux
sur la paisible mer noire de la ville,
jusqu'à ce qu'il ne reste à chacun
que la part de tristesse qui lui correspond
portant à la poitrine
les restes d'une photographie au diaphragme brisé.

V

Hay días en que nuestra sombra menguante
camina solitaria como la luna del poniente
con heridas de cráter y la memoria como un volcán,
son días que nos recuerdan el epígrafe de la vida,
la levísima ferocidad de muchas noches
que dedicamos a malgastar
lo que nos resta de juventud en devoción,
con semáforos de nadie en rojo
siempre en rojo
desatando la rabia de las bestias
con el afán de cazar mujeres
con esa loba hambre de buitres vacía
que es el hambre,
mujeres que soñaron con tranvías y estaciones
donde nunca estuvieron
pero que acuñaron en la hondura de la memoria
el recuerdo más vivo de la desolación
en que rompieron ciudades
ya de por sí rotas
entre copas oníricas
y ojos cansados de gente
que llevan acumulados tanta prisa
como los jóvenes que se masturban
tras el tálamo del parque.
Con la mirada que hizo de los gatos un mito
esa mismas mujeres niegan a sus hombres tres veces

V

Il y a des jours où notre ombre décroissante
marche solitaire comme la lune couchante
avec des blessures de cratère et la mémoire comme un
volcan,
ce sont des jours qui nous rappellent l'épigraphe de
la vie,
la subtile férocité des nombreuses nuits
que nous consacrons à gaspiller
ce qu'il nous reste de jeunesse en dévotion,
avec des feux fantômes au rouge
toujours au rouge
déchaînant la rage des bêtes féroces
désireuses de chasser des femmes
avec cette faim louve et vaine des vautours
qu'est la faim,
des femmes ayant rêvé de tramways et de stations
où elles n'ont jamais été
mais qui ont calé dans la profondeur de leur mémoire
le souvenir vivace de la désolation
dans lequel elles brisèrent des villes
déjà brisées
entre les verres oniriques
et les yeux usés de gens
qui emmagasinent tant de hâte accumulée
comme les jeunes qui se masturbent
sous le Thalamus du parc.
Avec le regard qui fît des chats un mythe
ces mêmes femmes rejettent leurs hommes par trois fois

intercambian la argolla de sus deseos
por un tequila *sunrise*
al límite de tallar sus maderas
contra el celo de la noche
y despertar con un extraño y octogenario
sabor en la boca de otro aliento,
entre la indiferencia de perros urbanos
y hombres caseros de faroles fundidos
como su intimidad.
Y nos preguntamos:
cuál es el rostro del vacío
si no hay mas que infinito en el espejo
cruz de asfalto que será la justa insignia de nuestra
historia
antes de que el olor a cuervo
sea la urraca intempestiva que grazne nuestro adiós.

échangent l'anneau de leurs désirs
pour un tequila *sunrise*
à la limite de sculpter leurs bois
dans la chaleur de la nuit
et de se réveiller avec une étrange et octogénaire
saveur d'une autre haleine dans la bouche,
entre l'indifférence des chiens urbains
et des hommes gardiens de réverbères grillés
comme leur intimité.
Et nous nous demandons :
quel est le visage du vide
s'il n'y a que de l'infini dans le miroir?
croix d'asphalte qui sera le juste insigne de notre
histoire
avant que l'odeur du corbeau
soit la pie intempestive qui croasse notre adieu.

Cidade de Deus de fondo

En este humilde barrio
lloran las amargas crías sus calles y favelas histéricas,
sobre el manto de una barda yace un dios de graffiti
tan apocalíptico y crucificado como los niños que lo
miran,
no es culpa del fútbol que ya se esté cayendo
es sólo que ya se inventó otra religión.

Cidade de Deus[3] de fond

Dans cet humble quartier
les gamins amers pleurent leurs rues et leurs bidonvilles
hystériques,
sous la couverture de ronces gît un dieu en graffiti
aussi apocalyptique et crucifié que les enfants qui le
regardent,
ce n'est pas la faute du football s'il est déjà en train de
tomber
c'est juste qu'une autre religion a été inventée.

[3] Cité de Dieu.

II.

Estación: hábitos de soliloquio

II.

Station: habitudes de soliloques

No lloro, nada más me acuerdo.
Eduardo Lizalde

Todo lo consumado en el amor no será nunca gesta de gusanos.
Ángel González

Je ne pleure pas, je me souviens seulement.
Eduardo Lizalde

Tout ce qui a été accompli en amour ne grouillera jamais de vers.
Ángel González

Crónica sobre la felicidad

A Leticia Cortés

El barniz del aire es laca y velo
de nuestros rostros sin sombra
réquiem por los más vivos
por los que deambulan de cara al sol de madrugada.

La consigna es vivir siempre por un instante
y morir para toda la vida.

Caminamos destruyendo viejos amores a puntapiés
sobre las flores bellamente marchitas construimos
ilusiones en sus cimientos de otoño
—Ah, ese campo semántico de las ilusiones y sus
variantes de nada—
es inútil, la cuenta va en retroceso,
éramos más poetas siendo niños
tendidos como un verso desnudo
en el poema del césped,
en el patio de la abuela que jamás conocimos
donde nuestros ancestros plantaron árboles
que nosotros bautizamos como escaleras
para el llamado de la sangre,
sumergidos en la alquimia del vuelo de colibrí
donde cada silencio conlleva su eco

Chronique sur le bonheur

À Leticia Cortés

Le vernis de l'air est laque et voile
de nos visages sans ombres
requiem pour les plus que vivants
pour ceux qui déambulent à l'aube face au soleil.

La consigne est de toujours vivre pour un instant
et de mourir pour toute la vie.

Nous avons marché en détruisant les vieilles amours à
coups de pieds
sur les fleurs joliment fanées nous avons érigé
des illusions dans leurs fondations d'automne
– Ah, ce champ sémantique des illusions et ses
variantes du néant –
c'est inutile, le compte va à rebours,
nous étions davantage poètes lorsque nous étions enfants
tendus comme un vers nu
dans le poème de la pelouse,
dans la cour de la grand-mère que nous n'avons jamais
connue
où nos ancêtres plantèrent des arbres
que nous avons baptisés escaliers
pour l'appel du sang,
submergés dans l'alchimie du vol d'un colibri

en el acto de cortejar a la flor,
intuíamos telepáticamente
cuando a alguno de los dos tenía comezón,
hasta que la lucidez del frío besó nuestra estructura ósea.

Entre lo dicho y el mutismo abrimos una herida
como zanja en el caparazón del cielo,
inventamos un manual de instrucciones
para mirar un re
lám
pa
go
que nuestra felicidad nunca nos dejó ver.

Con el tiempo seguimos sudando frío
y no culpamos a las secreciones del amor.

Como extras de un film de Greta Garbo
ascendimos al páramo de las alucinaciones ficticias,
adictos a una reina desahuciada
que nos amaba con la rabia de su último día,
que nos amaba por default.
Y la noche predadora
cohabitó con el sonido de un caracol marino
en pleno oído de la calle.
Jugamos a que las aristas de tu ombligo
eran el centro de mi ciudad,

où chaque silence supporte son propre écho
dans l'acte de courtiser la fleur,
nous pressentions par télépathie
lorsque l'un de nous deux ressentait cette envie folle,
jusqu'à ce que la lucidité du froid embrasse notre
 structure osseuse.

Entre ce qui est dit et le mutisme nous ouvrons une
 blessure
comme une tranchée dans la carapace du ciel,
nous inventons un manuel d'instructions
pour contempler un é
c
la
ir
que notre bonheur ne nous a jamais laissé entrevoir.

Avec le temps nous subissons encore les sueurs froides
et jamais nous ne culpabilisons les sécrétions de l'amour.

Comme des figurants d'un film de Greta Garbo
nous montons sur le plateau des hallucinations fictives,
dépendants d'une reine condamnée
qui nous aimait avec la rage de son dernier jour,
qui nous aimait par défaut.
Et la nuit prédatrice
cohabita avec le son d'un bigorneau
dans l'oreille de la rue.

tus pezones erectos delataban la muerte,
tu vientre de pergamino mitológico
el mapamundi en el cual gustoso me extraviaba,
inmortalizamos los repliegues de un árbol
con nuestros nombres similar a un fetiche,
y ya fatigados le dimos nombre
a nuestras diferencias.

Hasta que la amnesia se expandió
como una grieta
y fue preciso hablar con otra mirada
que perdimos al ver,
nuestros labios de hueso tiritaron
hablaban con el frío en plena primavera,
y asumimos el riesgo
pero al revés,
en ese momento supimos
que el mar sólo le pertenece al tiempo sin tiempo,
al amante intemporal.
Y desde ese instante cada ola fue una mueca insalubre
en cuyas comisuras escurría nuestra historia de
espuma,
espuma de perros que transitan por la madrugada sin
sombra
entre los más vivos de cara al sol,
inventando canciones con un manual de silbidos
en el intento por engañar su soledad.

Nous jouâmes à ce que les arêtes de ton nombril
soient le centre de ma ville,
tes mamelons dressés dénonçaient la mort,
ton ventre de parchemin mythologique
la mappemonde dans lequel savoureusement je
 m'égarais,
nous immortalisâmes les replis d'un arbre
avec nos noms tels un fétiche,
et déjà fatigués nous avons nommé
nos différences.

Jusqu'à ce que l'amnésie se soit étendue
comme une fissure
et qu'il fût nécessaire de parler avec cet autre regard
que nous avons égaré à force de voir,
nos lèvres d'os grelottèrent
parlaient avec le froid en plein cœur du printemps,
et nous avons assumé le risque
mais à l'envers,
à ce moment nous sûmes
que la mer n'appartient qu'au temps sans temps,
à l'amant intemporel.
Et à partir de cet instant, chaque vague fut une grimace
 insalubre
desquelles commissures s'égouttait notre histoire
 d'écume,
écume de chiens qui circulent à l'aube sans ombre
entre les plus vifs face au soleil,
inventant des chansons à l'aide d'un manuel de
 sifflements
dans l'effort de tromper leur solitude.

Al rojo vivo en la zona rosa

Yo era un desempleado
que le gustaba planear a contrapelo
en las afueras del triste aparador de las calles,
(un mendigo era un mago que reencarnaba a Nina
Simone en un sax)
cuando de pronto miré tus pechos incendiados
que se anudaban en círculos concéntricos
(lo diré de otro modo)
al rojo vivo como trébol sin su as.
Cada viernes me afiliaba al gremio de tu cuerpo
hasta que la cuota de tu amor se traspapeló
en la correspondencia de tu boca.

Chauffé au rouge dans la zone rose

J'étais un chômeur
qui aimait faire des projets à rebrousse-poil
aux alentours de la triste vitrine des rues,
(un mendiant était un magicien qui faisait réincarner
 Nina Simone dans un sax)
quand tout à coup j'ai regardé tes seins incendiés
qui s'emmêlaient en des cercles concentriques
(je le dirai autrement)
chauffés au rouge vif comme le trèfle sans son as.
Chaque vendredi je m'affiliais à la corporation de ton
 corps
jusqu'à ce que la cotisation de ton amour s'égare
dans la correspondance de ta bouche.

“Cinema Paradiso” por tercera vez

En tardes como ésta, que son el resto de mis días
le tiendo tretas con alevosía a mi soledad;
acudo al cine con mi corazón de pistache,
me siento al lado de una hermosa mujer
con palomas en su pecho
y miro “*Cinema Paradiso*” por tercera vez.
Lamentablemente hoy, río a lágrima abierta
con el cinismo salado de un solitario garbanzo
ante una sala vacía.

« Cinema Paradiso » pour la troisième fois

Dans des après-midi comme celui-ci, qui sont le reste
de mes jours
je tends traîtreusement des pièges à ma solitude ;
je vais au cinéma avec mon cœur de pistache,
je m'assieds à côté d'une belle femme
portant des pigeons en son sein
et je regarde « *Cinema Paradiso* » pour la troisième fois.
Lamentablement, aujourd'hui je ris à larme déployée
avec le cynisme salé d'un pois chiche solitaire
devant une salle vide.

Encuentros

1

Ahí estabas
mujer maya de duros follajes en jade y manta
de vientre calizo y tornasol que flota y se suspende como
el colibrí
sobre las chalupas de Xochimilco
afianza un vago recuerdo de Venecia en los labios a la
altura de una pena
donde cada ciudad es la justa medida de una jaula para
la que fuimos hechos.

2

Ahí estabas
posada sobre el equipal de la plaza
como ave fénix de reminiscencias,
ya no con el rumor del sol sobre tus mejillas
y tu sonrisa inválida de geografía chica
que hubiera engrandecido mi clan.

Rencontres

1

Tu étais là
femme pâquerette de durs feuillages de jade et de voile
de ventre calcaire et tournesol qui flotte et se suspend
    comme le colibri
sur les chaloupes de Xochimilco
renforce un vague souvenir de Venise sur les lèvres à
    hauteur d'une peine
où chaque ville est la juste mesure d'une cage pour
    laquelle nous avons été faits.

2

Tu étais là
posée sur le siège de la place
comme un phénix de réminiscences,
sans plus la rumeur du soleil sur tes joues
et ton sourire invalide de petite géographie
qui aurait élargi mon clan.

3

Ahí estabas
mientras los transeúntes y los turistas hacían gala
confesando su asombro por las cúpulas de los templos,
Gaudí en una gótica esquina, hubiera comulgado con
los buñuelos de tus pechos.

4

Ahí estabas
yo te platicaba de mi oficio de soliloquio
como una ninfa desahuciada que torna vitalicio el
intento
en los labios que sucumben en auxilio desde la noche
que nunca te toqué.

3

Tu étais là
pendant que les passants et les touristes faisaient la fête
avouant leur stupéfaction face aux coupoles des temples,
Gaudí, dans un coin gothique, aurait communié avec les
beignets de tes seins.

4

Tu étais là
je te parlais de mon métier de soliloque
comme une nymphe condamnée qui rend l'essai viager
sur les lèvres qui succombent en secours depuis la nuit
où jamais je ne t'ai touchée.

5

Ahí estabas
atando el cuerpo de una moneda a las vías de la estación,
fumando marihuana en las cenizas del rock.
Pariendo un manantial de llanto en un ojo de agua
me hablabas de tu último viaje con los Tlatoani
mientras yo sólo quería que te tlatoanimaras,
sin intuir que nuestro destino se labraba en esa moneda.

6

Ahí estabas
embarcada en el volkswaguen sesenta y nueve de tu
madre,
B.B King cantaba *Sweet little angel* a tu oído
en la mirada de gata le hacías segunda con celo
hasta volar como *Yardbirds* por los *Blue eyed blues*
mientras cruzábamos una parvada de moteles y
rascacielos
con el semblante en el aire de quien lo sabe todo.

5

Tu étais là
ficelant le corps d'une pièce de monnaie sur les voies
de la station,
fumant de la marijuana dans les cendres du rock.
Accouchant d'une source de pleurs dans un œil d'eau
tu me parlais de ton dernier voyage avec les Tlatoani
pendant que moi je désirais juste que tu te tlatoanimes,
sans pressentir que notre destin se forgeait sur cette
pièce de monnaie.

6

Tu étais là
asssise dans le Volkswagen soixante-neuf de ta mère,
B.B King chantait *Sweet Little Angel* à ton oreille
tu l'accompagnais avec ton regard de chatte en chaleur
jusqu'à voler comme *Yardbirds* pour les *Blue Eyed Blues*
pendant que nous croisions une aire de motels et de
gratte-ciel
avec l'air de tout savoir.

7

Ahí estabas
platicabas que tu soledad eran mil colmillos de nadie
    en la vigilia
donde no importa el animal, ni las tres cuartas partes
    de tu ausencia
a la mitad de mi torso.

8

Ahí estabas
a media noche, a medio blues
y media palabra tuya bastaba
para el encuentro de nuestras aguas
en el musgo y lirio hasta el cuello de veranos.

7

Tu étais là
tu disais que ta solitude était mille canines de personne
en vigile
où l'animal n'a pas d'importance, ni même les
trois-quarts de ton absence
à mi-hauteur de mon torse.

8

Tu étais là
à minuit, à mi-blues
et un de tes demi-mots suffisait
à la rencontre de nos eaux
dans la mousse et le lys jusqu'au cou des étés.

9

Ahí estabas
caminamos hasta el filo de la ciudad
donde el limo de los bosques es pubis de olivo
para morder el polvo de los amantes,
mientras una araña de neón descendía por los arbustos
hasta llegar a los matorrales de mis venas
como un Usumacinta de charanda
que corre sobre el tajo de tu sexo y desemboca en mi
yema.

10

Ahí estabas
y en verdad ahí estabas,
y perdóname que te vea en todos lados,
hasta donde no estás.

9

Tu étais là
nous avons marché jusqu'au fil de la ville
où la boue des forêts est pubis d'olivier
pour mordre la poussière des amants,
pendant qu'une araignée de néon descendait le long
    des arbustes
pour atteindre les buissons de mes veines
comme un *Usumacinta*[4] de *charanda*[5]
courant le long du ravin de ton sexe pour se jeter sur
    mon bourgeon.

10

Tu étais là
en vérité tu étais là,
et pardonne que je te vois partout,
même là où tu n'es pas.

---

4 Usumacinta est un fleuve du Mexique méridional, tributaire du golfe du Mexique. 560 km. Il prend sa source sur les hauteurs du Guatemala, sert de frontière à l'État mexicain de Chiapas et traverse les forêts tropicales du Tabasco et de Campeche avant de se jeter dans le golfe de Campeche. (Wikipédia)

5 Boisson alcoolique fabriquée à partir d'une sorte d'agave, comme la tequila, mais produite dans l'État mexicain de Michoacán.

Siete veces siete

Siete son las maravillas del mundo
recuerdos de ti no vividos.
Siete las escaleras de la puerta de Dios
que nadie ha pisado y van a ninguna parte.
Siete los pecados capitales del arte
donde ambos, cómplices en el lecho de cama, dimos
 rienda suelta
manos a las carnes y palabras a los oídos
como quien esculpe la poesía.
Siete veces siete los besos encallados en tu costilla,
gitana de mi boca nómada.
De siete días y siete noches la virtud de la locura,
vigilia de sombras como gatos en el tejado del celo,
libertad cernida por un jardín,
en el manicomio de tus brazos,
donde tantas voces como no sean suficientes
relinchan a cuatro patas la catalepsia tibia del
 firmamento.
Cómo se equivoca la historia;
siete son los jinetes del Apocalipsis que galopan a pura
 sangre
en la cúspide del último suspiro,
en el diluvio de tu cuerpo.
Mientras yo de penitencia me auto flagelo,
porque no hay peor crimen que un domingo
con siete cervezas en el burdel de la evocación.

Sept fois sept

Sept sont les merveilles du monde
souvenirs de toi non vécus.
Sept les escaliers de la porte de Dieu
que personne n'a foulés et qui ne mènent nulle part.
Sept les péchés capitaux de l'art
où, ensemble, complices dans le lit, nous nous sommes
lâché la bride
mains aux chairs et mots aux oreilles
comme qui sculpte la poésie.
Sept fois sept les baisers échoués sur tes côtes,
gitane de ma bouche nomade.
Pendant sept jours et sept nuits la vertu de la folie,
vigile d'ombres comme des chats sur le toit du rut,
liberté tamisée par un jardin,
dans l'asile de tes bras,
où tant de voix, comme si elles n'étaient pas suffisantes,
hennissent à quatre pattes la tiède catalepsie du
firmament.
Comme se trompe l'histoire !
Sept sont les cavaliers de l'Apocalypse qui galopent à
pur-sang
sur le sommet du dernier soupir,
dans le déluge de ton corps.
Pendant qu'en pénitence je m'auto-flagelle,
parce qu'il n'existe pas de pire crime qu'un dimanche
de sept bières au bordel de l'évocation.

Danzas y desencantos de romería

Quién no ha masticado esa flor prolífera de veranos
que se aparea en la estación de la noche.
Quién no ha bebido de su manto sacro de aguamarina
y se ha espinado al final del espasmo
por una escama que se incuba en el corazón.
Por ahora hace falta más que una veladora
para producir la chispa,
más que una plegaria
para dar calor al invierno,
más que un cascabel de silencio
para crear la música.
—Yo sé que todo esto está muy dicho pero—
quién no ha desabotonado los pechos
más por consuelo que por certidumbre
como una pequeña rosa de penachos que el
tiempo abrirá.
Quién no ha cicatrizado su vientre
para apaciguar su soledad marcada.
Y sobre todo,
quién no se ha flagelado la espalda
en la peregrinación por un corpiño
que asemeja una constelación de heridas
sobre la faz del santuario de la esperanza.
La única certeza que tenemos
es la flor de viajar cansados

Danses et désanchantements de pèlerinage

Qui n'a pas mâché cette fleur prolifère d'étés
s'accouplant dans la station de la nuit?
Qui n'a pas bu de sa mante sacrée d'aigue-marine
et s'est piqué à la fin du spasme
pour une écaille qui se couve dans le cœur?
Pour l'instant il ne manque plus qu'une veilleuse
pour produire l'étincelle,
plus qu'une prière
pour réchauffer l'hiver,
plus qu'un grelot de silence
pour créer la musique.
– Je sais que tout est plus que dit mais –
qui n'a pas déboutonné les seins
plus par consolation que par certitude
comme une petite rose de panaches qu'ouvrira le temps?
Qui n'a pas cicatrisé son ventre
pour apaiser sa vaste solitude?
Et surtout,
qui ne s'est pas flagellé le dos
dans la pérégrination pour un bustier
qui ressemble à une constellation de blessures
sur la face du sanctuaire de l'espoir?
La seule certitude que nous avons
est la fleur de voyager fatigués

y pisar las plantas de nuestros recuerdos.
Para ustedes son estas danzas y cantos de
romería
con la humilde intención de una manda
por las mujeres oxigenadas que nos dejan sin
aliento.

et de fouler les plantes de nos souvenirs.
Ces danses et ces chants de pèlerinage sont pour
vous
avec l'humble dessein d'une promesse
pour les femmes oxygénées qui nous laissent hors
d'haleine.

Ofrenda de Guelaguetza

Esta noche no puedo escribir de la cama
no puedo hablar de ese cáliz donde se teje y desteje
con sangre la historia
de ese recinto que la palabra trasciende el sudor en
tempestad
en un oráculo donde se exorcizan los bienes carnales
como un verso blanco en el que la gota tendida al azar
cae
en una ofrenda de Guelaguetza donde ya no danzan
mis caricias.

Offrande de *Guelaguetza*[6]

Cette nuit je ne puis écrire au lit
je ne puis parler de ce calice où se tisse et se détisse de sang l'histoire
de cette enceinte dont le mot propage la sueur en tempête
en un oracle où s'exorcisent les biens charnels
comme un vers blanc dans lequel la goutte étendue tombe au hasard
en une offrande de Guelaguetza où ne dansent plus mes caresses.

[6] La Guelaguetza est la fête la plus réputée de Oaxaca. Le terme Guelaguetza veut dire *offrande* en zapotèque. Il s'emploie également pour décrire la cérémonie et la célébration tenues tous les ans par les habitants pour remercier les dieux de leur accorder une pluie suffisante et une moisson abondante.

Cábala

El tiempo tejerá los recuerdos
en una chambrita de nostalgia
que imaginarás desnuda frente al espejo,
con la mirada de papiro
simularás entre tus nietos, guiños y sonrisas,
bordando en tus ojos de terciopelo irremediable
el punto de cruz,
como quien labra exvotos en sus pupilas
la insignia de la resignación.
Y será demasiado tarde para culpar al rosal
por los rasguños en tu piel que ya no habitan.

Cabale

Le temps tissera les souvenirs
en une petite blouse de nostalgie
que tu imagineras, nue, devant le miroir,
avec le regard de papyrus
tu simuleras face à tes petit-fils, clins d'œils et sourires,
brodant dans tes yeux de velours l'irrémédiable
point de croix,
comme quelqu'un ciselant des ex-votos dans ses pupilles
le drapeau de la résignation.
Et il sera trop tard pour accuser le rosier
des griffures sur ta peau qu'elles n'habitent déjà plus.

III.

Estación: boulevard de los sueños perdidos

III.

Station :
boulevard des rêves perdus

Macetas rotas

Somos de la tierra del aire
                    que no es de-cierto
donde anuncia su llegada mi padre
                    con macetas rotas de sueños
y miradas ebrias de madrugada.

Mi madre cálida de cama
                    desviste y arropa al viejo fogón
a fuego lento
enciende la estufa para el cocido
                    esta noche la turba del viento hará lo suyo
yo, como otras veces
              me levanto
                    enciendo un cigarrillo
para velar mis muertos
              y poder respirar.

Pots de fleurs brisés

Nous sommes de la terre de l'air
                                qui n'est pas désert
où mon père annonce son arrivée
                                avec des pots de fleurs brisés de rêves
et des regards ivres d'aube.

Ma mère, encore chaude du lit,
                                dévêtit et emmitoufle le vieux fourneau
à feu doux
elle allume le poêle pour le pot-au-feu
                    cette nuit la tourbe du vent fera ce qu'il faut
moi, comme tant de fois,
                    je me lève
                                j'allume une cigarette
pour veiller mes morts
                    et pouvoir respirer.

Linaje: *la negación del ser*

« Dijiste: " iré a otra tierra, iré a otro mar;
buscaré una ciudad mejor que esta. [...]"
No hallarás otras tierras ni otros mares.
La ciudad irá contigo adonde vayas ».
K. Kavafis

Visitar a mis abuelos en el trópico
era el cenit a ras de cielo.
Mi abuela amasaba sus estrías contra las ollas
y el cuello de las gallinas
hasta sentir la savia tibia de sus recuerdos ahogarse,
el áurea de su rebozo era un arco iris
entre floripondios y palmeras
donde nosotros desenroscábamos
la nativa humedad de espulgar los bikinis de las primas.

A mi abuelo le bastaba embriagarnos
de viajes a los que jamás partió
hilvanando como un cenzontle coplas de Piazzola
que aún no se habían inventado,
sobre la muerte de una hamaca
mecía el hombre su último sueño
con manos rústicas tejía la herencia de mi padre
tarrayas bajo el curtido sol de lagartijas y palmeras.

Lignage : *la négation de l'être*

> « *Tu as dit : " j'irai sur une autre terre, j'irai sur une autre mer ;*
> *je chercherai une ville meilleure que celle-ci. [...]"*
> *Tu ne trouveras pas d'autres terres ni d'autres mers.*
> *La ville te suivra peu importe où tu vas* ».
>
> K. Kavafis

Rendre visite à mes grands-parents dans les tropiques
était le zénith à ras de ciel.
Ma grand-mère pétrissait ses vergetures contre les
casseroles
et le cou des poules
jusqu'à sentir s'étouffer la sève tiède de ses souvenirs,
la dorure de sa mantille était un arc-en-ciel
entre daturas et palmiers
où nous défaisions
l'humidité native à force d'éplucher les bikinis des
cousines.

Mon grand-père se contentait de nous enivrer
de voyages où il n'est jamais parti
improvisant comme un Moqueur des couplets de
Piazzola
qui n'avaient pas encore été inventés,
sur la mort d'un hamac
l'homme berçait son dernier rêve
avec des mains rudes il tissait l'héritage de mon père
filets sous le soleil basané des lézards et des palmiers.

Mi hermano que aún no vivía
fundaba castillos de arena sobre los pechos de mis
primas
donde los ojos de los cangrejos veían las raíces de
ultramar
donde toda agua vitalicia llevaba una gota de sal y de
sudor
en el blanco coco de sedientos hombres a la zaga
que perdían su vasto tiempo de vouyeristas
entre endurecidas hojas de plátano.

De mis hermanas mejor no hablemos
los jejenes hacían su labor...

Mi madre condimentaba el alimento:
con un poco de albahaca,
un poco de costumbre molida
y un poco de corazón
(algún día extrañaré en cierta frontera el olor de mi
madre
recociendo su vida en los chiles rellenos de amargura).

A lo lejos veo a mi padre
caminar sobre la arena de extintos castillos
sin saberlo va dejando una brecha en sus pasos
insomnes
por el corredor de las noches se escucha su huella

Mon frère qui n'était pas encore né
construisait des châteaux de sable sur les seins de mes
    cousines
là où les yeux des crabes voyaient les racines
    d'outre-mer
là où chaque eau viagère transportait une goutte de sel
    et de sueur
dans la blanche noix de coco d'hommes indolents et
    assoiffés
qui perdaient leur vaste temps de voyeurs
entre des feuilles de bananiers raidies.

Mieux vaut ne pas parler de mes sœurs
les moustiques faisaient leur travail...

Ma mère assaisonnait la nourriture :
un peu de basilic,
un peu d'habitude concassée
et un peu de cœur
(un jour, à une certaine frontière, je regretterai l'odeur
    de ma mère
recuisant sa vie dans les piments farcis d'amertume).

Je vois mon père au loin
marcher sur le sable de châteaux anciens
sans le savoir il laisse une brèche dans ses pas
insomniaques
on entend sa trace dans le corridor des nuits

todavía le pesa Tlatelolco
lo veo en el horizonte de su mirada
que más tarde me heredaría
sitiada en el eco de las olas que son como tanques de
sangre
que borran los rastros que va dejando
y se escuchan y son similares en otras ciudades.
No me lo dice:
Todo es una bomba de tiempo que marca el paso.

Tlatelolco[7] lui pèse toujours
je le vois dans l'horizon de son regard
qu'il me lèguerait plus tard
traqué dans l'écho des vagues qui sont comme des
    citernes de sang
qui effacent les pistes qu'il laisse derrière lui
et qui s'entendent et sont similaires dans d'autres villes.
Il ne me le dit pas :
Tout est une bombe de temps qui marque le pas.

---

7 Le massacre de Tlatelolco, aussi connu comme la nuit de Tlatelolco (d'après le livre de l'écrivaine mexicaine Elena Poniatowska), a eu lieu dans l'après-midi et la nuit du 2 octobre 1968, sur la place des trois cultures dans la section de Tlatelolco de la ville de Mexico, dix jours avant la célébration des jeux olympiques d'été de Mexico. Le nombre de morts est sujet à controverse : certains estiment qu'il y a eu des milliers de morts, mais certaines sources rapportent entre 200 et 300 morts. Les sources gouvernementales indiquent « 4 morts, 20 blessés ». Le nombre exact d'arrestations est aussi controversé. (Wikipédia)

A tres caídas

De la silente biblioteca
sales al contraste de la calle como un recién parido,
con el enigma de un altavoz iluminado
un merolico
anuncia los ungüentos "Las tres caídas" hasta las
puertas de mi casa.

En la esquina un visionario invidente
sostiene una inscripción en su espalda
con el emblema: "*Dios existe,*
deja una moneda en este cáliz de paja, por un verso de
Job"
no pienses mal, no le des la vuelta, no lo confundas
con judas
no le des otro *jab* de indiferencia en el rostro
como la última estocada,
que ya bastante tiene con los tragafuegos
por predicar el Apocalipsis
en su garganta de estopa
aunque aparezca en sus copiosas pupilas de mago
el profundo metal de una moneda que asemeja una
daga,
ten misericordia
el tiempo jubila los sueños
como el esguince y la osteoporosis
en la mano caliza del boxeador.

En la otra esquina estás tú.

À trois chutes

Tu sors de la bibliothèque silencieuse
au contraste de la rue comme un nouveau-né,
avec l'énigme d'un haut-parleur illuminé
un charlatan
annonce les onguents « Les trois chutes » jusqu'aux
    portes de ma maison.

Au coin de la rue, un visionnaire aveugle
tient une inscription dans son dos
avec l'emblème : « *Dieu existe,*
met une pièce de monnaie dans ce calice de paille, pour
    un vers de Job »
ne juge pas, ne lui tourne pas le dos, ne le prend pas
    pour Judas
ne lui assène pas un autre direct d'indifférence au
    visage
comme la dernière estocade,
        car il a déjà assez à faire avec les avaleurs de feu
à force de prédire l'Apocalypse
                        dans sa gorge d'étoupe
et même si apparaît dans ses généreuses pupilles de
    magicien
telle une dague le profond métal d'une pièce de
    monnaie,
            aie pitié
le temps met les rêves à la retraite
comme la foulure et l'ostéoporose
dans la main calcaire du boxeur.

À l'autre coin il y a toi.

Carlito

También la enfermedad es matriz de vida.
Alda Merini

Carlito tu apareces en esa foto de fin de curso,
vestido de enano gruñón
pellizcándote la risa de los otros niños, por las palizas de tu padre.

Yo fui tu secuaz en la pandilla de no muchos, mentiría si dijera que eran más de dos.

Violábamos la ley asomando el instinto de unicornio de profética curiosidad
en el desplegado baño de vapor sin celosías
que bautizó nuestro rostro con la imagen dócil y portentosa de la maestra a gatas,
a partir de ese momento no cesamos de buscar
entre los botes y los restos de comida,
lo perdido
lo que nunca pudimos encontrar,
a partir de ese momento ya no pudiste más pronunciar la "ese".

Acuérdate Carlito de la vez que me defendiste
contra el gordo, cuando juntos le vaciamos
el plato de sopa caliente sobre el orgullo

Carlito

La maladie est aussi matrice de vie.
Alda Merini

Carlito, tu figures sur cette photo de fin d'année,
déguisé en nain grognon
le rire des autres enfants te pinçant à cause des raclées
de ton père.

Je fus ton acolyte dans la bande des peu, je mentirais si
je disais qu'ils étaient plus de deux.

Nous violions la loi montrant un instinct d'unicorne de
la curiosité prophétique
dans le bain de vapeur déployé sans jalousies
qui baptisa notre visage de l'image docile et prodigieuse
de la maîtresse à quatre pattes,
à partir de ce moment nous n'avons cessé de chercher
parmi les boîtes de conserve et les restes de nourriture,
ce que nous avions perdu
ce que nous n'avons jamais réussi à trouver,
à partir de ce moment tu n'as plus su prononcer le « s ».

Rappelle-toi, Carlito, de la fois où tu m'as défendu
du gros, lorsque, ensemble nous lui avons vidé
l'assiette de soupe chaude sur l'orgueil

por ofender a blancanieves
que me sonreía
y que más tarde, el gordo la recogiera
en el table dance de la Alameda.

Recuerda cómo simulábamos dormir sin dormir
para que las maestras no nos desnudaran el alma
rozada
en el cadalso de la vergüenza frente al dormitorio de las
niñas.

No lo sé de cierto, ni lo supongo
pero un día te fuiste a tomarle prestados los sueños a
otro niño
y aprendí palabras y nombres nuevos como Freud y el
psicoanálisis.

pour avoir offensé blanche-neige
qui me souriait
et que, plus tard, le gros recueillit
sur la piste de danse de la Alameda.

Rappelle-toi comme nous faisions semblant de dormir
sans dormir
afin que les maîtresses ne nous déshabillent pas l'âme
éraflée
sur l'estrade de la honte face au dortoir des filles.

Je ne le sais pas de façon certaine ni ne le suppose,
mais un jour tu es allé emprunter les rêves à un autre
enfant
et c'est alors que j'ai appris des mots et des noms
nouveaux comme Freud et la psychanalyse.

Fe de ratas

De noche
más allá de las paredes y las tuberías
entre un acorde de violín desafinado
y bajo la médula del sueño de nuestros pies,
una pareja enseña su instinto con uñas y dientes
in crechendo.
En medio de la velada el macho con rabia de hembra
sabe que su reino no es de las alturas sino de los
resumideros,
su tristeza es del color del asfalto: terciopelo gris de
prisión.
Por las ventanas de alcantarilla
se ven pasar espectros
bajo el farol que da luz a la noche baldía,
sus párpados son rayos de luna fugitiva
membrana de polvo en la persecución de la escoba.
La cena se ha convertido en vestigios de fosas sépticas
pero eso no importa a los amantes del subsuelo
que son reflejo en la vastedad de la lágrima.
Pronto su tiempo será de cónclave tributo a los conejos,
donde una familia mostrará que las ratas son menos
animales y más humanos.

Foi de rats

Une nuit,
au delà des murs et des tuyauteries,
entre un accord de violon désaccordé
et sous la moelle du rêve de nos pieds,
un couple révèle son instinct à force d'ongles et de dents
en crescendo.
Au milieu de la soirée le mâle en rage de femelle
sait que son règne n'est pas dans les hauteurs mais dans
les puisards,
sa tristesse est de la couleur de l'asphalte : gris velours de
prison.
À travers les fenêtres des égoûts
on voit passer des spectres
sous le réverbère qui illumine la nuit vaine,
ses paupières sont des rayons de lune fugitive
membrane de poussière à la poursuite du balai.
Le souper s'est transformé en vestiges de fosses
septiques
mais cela importe peu aux amants du sous-sol
qui sont un reflet dans l'immensité des larmes.
Bientôt leur temps sera conclave, offrande pour
les lapins,
où une famille démontrera que les rats sont moins bêtes
et plus humains.

IV.

Terminal: calandrias underground

IV.

Terminal : calandres underground

Bitácora de los desesperados

Acto de culto era dar el grito en las piedrotas de
    Tapalpa,
lejos de nuestras familias
y cerca de los huizapoles y las lunadas
que se arraigaban como el alcohol.

Trepábamos las piedrotas esculpidas por el viento
que evocaban aerolitos
más por reconocer nuestra adolescencia tardía
que tanto pesaba sobre los hombros
que por mirar el horizonte.

Unos pegaban el grito y otras cosas
entre las espigas y el espinazo de la llanura
otros en la brecha de la piel y el terciopelo de sus autos
nosotros en las casas de campaña y el sleeping de Morfeo
mientras un perdido tocaba la guitarra
y la guitarra un triste blues
que le sacaba chispas a la fogata de la memoria
como a un matorral. (que le sacaba chispas a la memoria
    como a un matorral)

Habitacle des désespérés

C'était un acte de culte que de crier à travers les
grandes pierres de *Tapalpa*[8],
loin de nos familles
et près des ambroisies et des croissants de lunes
qui s'acclimataient comme l'alcool.

Nous grimpions sur les grandes pierres sculptées par le
vent
qui évoquaient des aérolithes
davantage pour reconnaître notre adolescence tardive
si lourde sur nos épaules
que pour scruter l'horizon.

Certains jetaient des cris ou d'autres choses
dans les épis et l'échine de la plaine
d'autres dans la brèche de leur peau et le velours de
leurs autos
nous dans les maisons de campagne et le sac de
couchage de Morphée
pendant qu'un esseulé jouait de la guitare
et la guitare un triste blues
qui soutirait des étincelles au feu de la mémoire
comme à un buisson. (qui soutirait des étincelles à la
mémoire comme à un buisson)

---

8 Charmant village de montagne situé dans la Sierra Tapalpa, à une centaine de kilomètres au Sud de Guadalajara. Il se caractérise par son architecture coloniale typique à influence indigène Tarasque (peuplade de l'Ouest de L'Altiplano).

Con los hongos en la mirada
y el aire vacuno en el aliento de las sombras
orinábamos bajo la luna trazando el nombre
a imagen y semejanza de la que se fue.

Entre *love me two times* y *american woman*
Tavo decía que era buena ocasión para aprender
el inglés en otra lengua
aunque las gringas nunca nos quisieran hablar,
en medio de hogueras invocábamos las bragas de la
noche
en una danza de círculos con banderas rotas de paz
en tiempos de *strip-tease*
pulíamos al oído frases amargas hechas por el frío a
falta de café
entre canciones inconfesables que cantaron nuestros
padres
en otro oído, con otro frío y donde tiempo después
nacimos.

Avec les champignons dans le regard
et l'air bovin dans l'haleine des ombres
nous urinions sous la lune en traçant le nom
à l'image et ressemblance de celle qui est partie.

Entre *love me two times* et *american woman*
Tavo disait que c'était une bonne occasion d'apprendre
l'anglais dans une autre langue
même si les *gringas*[9] ne voudraient jamais nous parler,
au milieu de feux de joie nous invoquions les petites
    culottes de la nuit
en une danse de cercles avec des drapeaux de paix brisés
en temps de *strip-tease*
nous peaufinions à l'ouïe des phrases amères faites par
    le froid et le manque de café
entre les chansons inavouables que chantaient nos
    parents
dans une autre oreille, avec un autre froid, là où
    longtemps après nous vînmes au monde.

---

[9] Appellation pour les étrangères nord-américaines.

Los Guachimontones

Fuimos subiendo la llanura de a poco
a lo lejos las parvadas de mazorcas
pintaban la tarde en un sol de fin de mundo,
la gracia de Dios se asomaba en los rayos de las
    bicicletas
que vitoreaban los gallos al pasar
verbenas de flores nacían entre las piedras
plantadas con manos y callos de alfareros
con la eternidad y la furia en las venas
como un verso de Villon,
supongo que esto es una de esas cosas
que se puede presumir al cielo
raza ancestral de albañiles cósmicos
no alcanza la vista para ver tanta grandeza.
No fundaron sus casas en cabezas de piedra
ni al mediodía hicieron descender a una serpiente,
basta con el aroma de los tamales por La Candelaria
y la música de fondo de los elotes
que cantan al unísono sus hervores,
con las chicas del pueblo que cargan en sus manos
un globo terráqueo con la imagen de la virgen.
Los ancianos encanijados
leen el periódico que sólo sirve
para envolver papayas, artesanías
y darle vida a las piñatas.

Les Guachimontones[10]

Nous sommes peu à peu remontés vers la plaine
au loin les nuées d'épis de maïs
peignaient l'après-midi en un soleil de fin du monde,
la grâce de Dieu se montrait dans les rayons des
bicyclettes
qu'acclamaient les coqs à leur passage
des fêtes de fleurs germaient entre les pierres
plantées par des mains et des durillons de potiers
avec l'éternité et la fureur dans les veines
comme un vers de Villon,
je suppose que c'est une des choses
dont on peut se vanter au ciel
race ancestrale de maçons cosmiques
le regard n'est pas suffisant pour voir tant de grandeur.
Ils n'ont pas érigé leurs maisons sur des têtes de pierre,
ils n'ont pas fait descendre de serpent à midi,
il suffit de l'arôme des pâtés le long de La Candelaria
et de la musique de fond des épis
qui chantent leurs ardeurs à l'unisson,
les jeunes filles du village portant dans leurs mains
un globe terrestre à l'image de la vierge.
Les vieux maigrichons
lisent le journal qui ne sert
qu'à envelopper papayes et artisanat
et à donner vie aux piñatas.

[10] Nom donné à un centre cérémonial et ancienne commune indigène pré-hispanique situés dans la municipalité de Teuchitlán, Jalisco.

Sucede que entre la danza de los viajeros
los Guachimontones se tornan en una
leyenda urbana en boca de los niños
"*por lo que sea su voluntad.*"
En este lugar cada escalón es un umbral,
instantáneas en la galería del Edén
donde uno se pregunta:
cómo llamarle ruina a las certezas de nuestro origen.

Il arrive qu'entre la danse des voyageurs
les Guachimontones se transforment en
légende urbaine dans la bouche des enfants
« *selon votre bon plaisir* ».
À cet endroit chaque marche est un seuil,
instantanés dans la galerie de l'Eden
où l'on se demande :
comment appeler ruine les certitudes de notre origine ?

"No hay vacantes" *anuncia un cartel a las afueras del panteón de Belén*

Bienvenidos a esta metrópoli del caos
donde un minuto de silencio es la música
para que todos permanezcan callados,
para que no se mueva nadie.
Que los muertos y los otros no se espanten
que su oficio perpetuará seguro,
"no hay vacantes"
les doy mi más sentido y sincero pésame
a los futuros difuntos nacidos en el año de mi muerte,
que sientan como prójimos
lo que nosotros sentimos en vida,
que se desmiembren.
Aquí no es la India más sin embargo
se les rinde culto a las vacas sagradas
y se les tiende sobre las lozas su debilidad,
aquí no existe el día de muertos
todos los días son miércoles de ceniza.
Hundan sus heridas en agua con sal
en fomentos de espejismo
que el cementerio es una biblioteca de huesos
donde ya no cabe la palabra.

« Complet » *affiche un écriteau dans les environs du panthéon de Belem*

Bienvenue à cette métropole du chaos
où une minute de silence est la musique
pour que tous demeurent silencieux,
pour que plus personne ne bouge.
Que les morts et les autres ne s'effraient pas,
votre commerce se perpétuera assurément,
« complet »
mes plus sincères condoléances
aux futurs défunts nés l'année de ma mort,
qui se sentent proches
de ce que nous avons déploré de notre vivant,
qu'ils se démembrent.
Ici ce n'est pas l'Inde, mais cependant
nous rendons un culte aux vaches sacrées
et nous étendons leur faiblesse sur les faïences
ici le jour des morts n'existe pas,
tous les jours sont des mercredi des Cendres.
Plongez vos blessures dans l'eau salée
en de brûlantes illusions
car le cimetière est une bibliothèque d'os
où plus un mot ne tient.

El remedio

En busca de un remedio a la cantina El Funeral
entre difuntos de taberna y labios secos de adoquín;
un calandriero acechó a la mesa:
¿Quiere un paseo en calandria?
Tiene por nombre El Purgatorio.

Aquí los peces se transmutaron en ratas,
los ríos se tornaron en púrpuras canales pestilentes,
los bustos del ombligo son fríos,
las bancas de los hospitales se bifurcan en coyunturas
de cementerio,
los filósofos de la calle rumoran:
el suelo es más duro con románticas siluetas de *smog*,
Van Gogh es vidente y utopista
la noche estrellada no está ausente,
el todo es la nada, la nada es el todo,
Rulfo-Comala, Arreola-Zapotlán, Rimbaud-Charlesville,
el hombre es ciudad, la ciudad es hombre,
San Juan de Dios es santo,
algunas prostitutas se transforman en santas.

Antes, primero las cúpulas después las cópulas.
Ahora, primero las cópulas y a lo mejor las cúpulas.

Le remède

À la recherche d'un remède à la cantine El Funeral
entre les défunts de taverne et les lèvres sèches du pavé;
un calandreur repéra la table:
Voulez-vous une promenade en calandre?
Elle a pour nom Le Purgatoire.

Ici les poissons se transformèrent en rats,
les rivières sont devenues de pestilentiels canaux
pourpres,
les bustes du nombril sont froids,
les bancs des hôpitaux bifurquent vers des conjonctures
de cimetière,
les philosophes de la rue murmurent:
le sol est plus dur avec les romantiques silhouettes du
smog,
Van Gogh est un voyant et un utopiste
la nuit étoilée n'est pas absente,
le tout est le néant, le néant est le tout,
Rulfo-Comala, Arreola-Zapotlán, Rimbaud-Charlesville,
l'homme est ville, la ville est homme,
San Juan de Dios est un saint,
certaines prostituées deviennent des saintes.

Avant, il y avait d'abord les coupoles, ensuite les
copulations.
À présent, il y a d'abord les copulations et peut-être
ensuite les coupoles.

En este carnaval sin identidad con metabolismo propio
a la media noche en el parque Morelos
como fruto del Olimpo caen de la copa del árbol los
    jotos,
entre puntos cardinales abordan autos
el humo del cigarrillo esculpe su figura
como retablos de columnas pidiendo hospicio al
    Cabañas.

Por el espejo se vislumbran en las esquinas:
ballenas golfas, pantanos vírgenes,
gusanos pintados en sombreros de charro
con olor a tequila que dan ganas de llorar;
alguien grita:
Un cuento para la ciudad
la ciudad ya no está para cuentos
mal nacida
                    maleada
                                    malvivida.

De este lado encierran a los exiliados, los sometidos,
los sucumbidos por la realidad,
los enfrascados en libros de moho y pastas duras
según la densidad del libro, el grado de desencanto de
    lo vivido

Dans ce carnaval sans identité au métabolisme propre
à minuit dans le parc Morelos
comme un fruit de l'Olympe tombent de la cime de
l'arbre les efféminés,
entre les points cardinaux ils abordent des autos
la fumée de la cigarette sculpte leur figure
comme des retables de colonnes demandant asile au
Cabañas[11].

Par le miroir on peut apercevoir aux coins des rues :
des baleines dévergondées, de vierges marais,
des vers peints sur des chapeaux de paysans
à l'odeur de tequila donnant envie de pleurer ;
quelqu'un crie :
Un conte pour la ville
à la ville on ne raconte plus d'histoires
mal née
corrompue
mal vécue.

De ce côté ils enferment les exilés, les soumis,
les condamnés par la réalité,
les absorbés par les livres de moisi et de raides reliures
selon la densité du livre, le degré de désenchantement
du vécu

[11] Institut Culturel qui est une œuvre architecturale de style néoclassique admirable dont la construction a débuté en 1805.

los locos más locos llamados poetas, los sin límite,
sin libertad de causa se les otorgó un claustro
con nombre de santo,
escribir a oscuras era su causa.

El tlac tlac de las cantinas se confunde a su paso
con los cascos de los corceles
que hacen meditar a los sonámbulos de los suburbios.

Vendedores de tiempo ajeno,
faroles a media soledad,
el puente de la calzada es testigo del diablo
a ochenta kilómetros por hora en forma de motor.

La nostalgia agazapa,
consume la lluvia bajo un paragüas.

Alguien dice:
–hemos llegado al templo del Expiatorio,
después de la boda, sigue la misa del muertito–

Las hormigas son como gusanos
nosotros seremos como mariposas.

aux fous les plus fous appelés poètes, les sans limite,
on a accordé un cloître sans liberté de cause
qui porte un nom de saint,
écrire dans l'obscurité était leur motif.

À son passage, le tac tac des cantines se confond
avec les sabots des coursiers
qui font méditer les somnambules des banlieues.

Vendeurs de temps d'autrui,
lanternes à mi-solitude,
le pont de la chaussée est témoin du diable
à quatre-vingt kilomètres heure en forme de moteur.

La nostalgie s'agrippe,
avale la pluie sous un parapluie.

Quelqu'un dit :
– nous sommes arrivés au temple de l'Expiatoire,
après la noce vient la messe du petit mort –

Les fourmis sont comme des vers
nous serons comme des papillons.

Una hora feliz en Chapala

Decir una hora feliz en Chapala
es oír tocar a la marimba
que no deja descansar en paz a Micky Laure
y dicta como un rosario palabras de ceniza
sobre el epitafio de las cervezas.

Las mujeres mojadas de sol
cargan sobre la cresta un gallo y un nixtamal en la
sonrisa
para la danza de los guajolotes, buenos anfitriones
que no se dejan cazar para el platillo principal del
fandango.

Hasta que la luna se refleja en la iguana
como un tatuaje de luz sobre las mujeres de arena
casi como un vago tributo al homenaje Zapoteca.

Un *happy hour* à *Chapala*[12]

Un *happy hour* à Chapala
c'est entendre la marimba
qui ne laisse pas Micky Laure tranquille
et dicte comme un rosaire des mots de cendre
sur l'épitaphe des bières.

Les femmes mouillées de soleil
portent un coq sur la crête et un épi de maïs dans
le sourire
pour la danse des dindons, bons amphytrions
qui ne se laissent pas attraper pour le plateau principal
du fandango.

Jusqu'à ce que la lune se reflète dans l'iguane
comme un tatouage de lumière sur les femmes de sable
presque comme un vague tribut à l'hommage
zapothèque[13].

---

12 Le lac de Chapala est le plus grand du Mexique. Il est situé à 30 km de Guadalajara. Ajijic et Chapala sont devenus des stations balnéaires, mais elles ont gardé le charme des villages de pêcheurs d'autrefois. (...) La ville est calme mais lorsque la fête de la Vierge noire est arrivée, début octobre, la ville ne dort plus et toutes les nuits, pendant une semaine, se succèdent des processions mystiques d'où s'échappe la rumeur d'une psalmodie envoûtante. Ensuite, c'est la fête et les pétarades jusqu'au lever du jour. (*www.vivamexico.info*)

13 Les Zapotèques sont un peuple vivant dans l'État d'Oaxaca, au Mexique, et remontant à la période précolombienne.

Pero todo lo que cabe en una hora es el presente que no existe
es ajustar el paladar a la memoria de algún tiempo
el placer de morir errante
como un embriagador y místico libro de tanto ser disperso
donde la realidad es otra
y se arrastra por la corriente del lirio
dejándose llevar por el licor de la brisa como una barca de tanto
pez
disperso
que levita sus fauces de vicio
y es entonces cuando no cabe duda:
una hora feliz en Chapala
es un instante para olvidar o aferrarse a esa proeza
que se disuelve entre las manos.

La marimba sigue tocando.

Mais tout ce qui tient dans une heure c'est le présent qui
n'existe pas
c'est ajuster le goût à la mémoire d'un certain temps
le plaisir de mourir errant
comme un livre enivrant et mystique à force d'être
éparpillé
où la réalité est autre
et se traîne le long du courant de l'iris
se laissant porter comme une barque par la liqueur de
la brise de tant
de poisson
dispersé
qui dresse sa gueule vicieuse
et c'est alors il n'y a plus de doute :
un *happy hour* à Chapala
est un instant pour oublier ou s'accrocher à cette
prouesse
qui se dissout entre les mains.

La marimba continue de jouer.

Índice

Table des matières

Composé en Bodoni corps 11
cet ouvrage a été achevé d'imprimer
sur les presses de Marquis Imprimeur Inc.
pour le compte des éditeurs
Écrits des Forges et Literalia editores
en août 2007.

Imprimé au Québec